＊감수인

이 책은 인류가 발달하는 과정과 세계의 운동 전체를 거시적이고 넓은 시각에서 체계적으로 보여주고 있다. 서로 다르고 복잡해 보이는 사건들이 하나의 맥락을 갖고 연결되어 있다는 사실과 의미를 이야기 형식으로 서술하여 쉽게 파악할 수 있다. 학습효과를 위하여 단계적으로 이해해가는 형식을 취했고, 단원마다 요점들을 정리하여 서술하였다. 또한, 사실을 확신시키고 흥미를 높이기 위해 다양한 자료들, 현장 사진들, 삽화, 그리고 극화까지 활용하였다. 세계문화의 백과사전 같은 가치를 지녀서 성인들이 학습하기에도 손색이 없다. 청소년들이 머지않아 현재로서 맞이할 미래를 위해 이 책이 의미 있는 길잡이가 되길 바란다.

윤명철 (동국대학교 교수. 역사학자)

＊일러두기

- 맞춤법과 띄어쓰기는 국립국어원에서 펴낸 〈표준국어대사전〉을 기준으로 삼았습니다. 다만, 역사 용어의 표기와 띄어쓰기는 교육과학기술부에서 펴낸 〈교과서 편수 자료〉와 중학교 국사 교과서를 따랐습니다.
- 외국 인명과 지명은 〈외국어 표기 용례집〉을 따랐습니다.
- 〈세계사 이야기〉의 내용이나 체재는 2011년에 새로 나온 초등학교 교과서를 기본으로 하여 편집하였습니다. 맞춤법이나 표기도 최종적으로는 초등학교 교과서에 맞추었습니다.

미국 뉴욕

세계사 이야기 25

우리 땅 넓은 땅

발전하는 미국과 유럽의 진출

펴 낸 이 : 이재홍
펴 낸 곳 : 도서출판 세종
등록번호 : 제18-79호
대표전화 : 02)851-6149. 866-2003
F A X : 02)856-1400
주   소 : 경기도 광명시 가학동 786-4호
공 급 처 : 한국가우스 | 등록번호 제18-147호
고객상담전화 : 080-320-2003
웹사이트 : WWW.koreagauss.com

※ 잘못 만들어진 책은 교환해 드립니다.

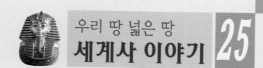

우리 땅 넓은 땅
세계사 이야기 25

발전하는 미국과 유럽의 진출

글 **한국역사교육연구회** ■ 추천 **파랑새 열린학교 · 한국역사사관학교**
감수 **윤명철** (동국대학교 교수 · 역사학자)

한국가우스

역사를 올바로 보는 눈

　세계의 역사는 우리 인류가 걸어온 발자취입니다.

　어제 일어난 여러 사실들은 역사가의 평가와 시각에 의하여 역사적 사실로 재발견되고, 그 의미가 새롭게 밝혀져 역사로 기록됩니다.

　이것을 통하여 오늘의 우리는 어제의 역사와 만나게 되고 우리가 살지 않았던 어제를 생생하게 체험하며, 그 올바른 의미를 물려받게 됩니다.

　역사는 오늘의 삶을 비추어 주는 거울이며 내일을 바라볼 수 있는 창이기도 합니다.

　때문에, 역사 서술은 치우침이 없고 엄격해야 합니다.

　우리는 그러한 역사를 공부함으로써 우리 자신과 오늘의 현실을 객관적으로 바라보고, 또 비판할 수 있는 힘을 기르게 됩니다. 역사를 배우는 중요한 목표는 자신을 스스로 깨닫게 하는 데에 있다고 합니다.

　한편, 역사는 단순한 어제가 아니라 살아 있는 어제여야 한다고 말합니다. 이것은, 역사가 단순히 어제의 사실을 알려 주는 것만이 아니고 오늘의 우리에게 교훈이 되고, 오늘의 문제를 해결할 수 있는 슬기가 되어야 한다는 뜻을 담고 있습니다.

　이는 곧 우리가 왜 역사를 배워야 하는지를 말하는 것이기도 합니다. 한국인으로서의 정체성과 함께 다른 문화와 국가에 대한 이해가 있어야만 이 지구촌의 시대를 살아갈 수 있기 때문에 특히 세계사는 중요합니다.

　한국인으로서 정체성은 한국사뿐만 아니라 세계사를 함께 배울 때 온전히 형성될 수 있습니다.

　우리 어린이는 이러한 역사 인식으로 세계사를 사랑할 뿐 아니라, 인류의 번영, 그리고 새로운 세계의 건설에 이바지하는 '올바른 역사관'을 가진 세계인이 되도록 힘써야 할 것입니다.

한국역사교육연구회

미국 러쉬모어 산의 대통령 조각상

우리 땅 넓은 땅

세계사 이야기

25

차 례

1 발전하는 새 나라 미국

미국은 건국 이후 민주주의의 기반을 착실히 닦아 나갔으며, 해상 봉쇄령을 내린 영국과 전쟁을 벌인 끝에 의존적 관계를 벗어나 경제적 자립을 이루었습니다. 대외적으로는 고립주의를 지켜나가면서 내부 발전에 주력하였습니다.

한편, 미국은 독립 당시부터 기후나 개발의 차이에 따라 북부와 남부의 경제생활의 형태가 달랐습니다.

남부는 기후가 따뜻하여 목화나 담배를 재배하였는데, 이때 흑인들을 노예로 이용하였습니다. 그러나 북부 사람들은 흑인을 짐승처럼 부리는 노예 제도에 반대하였습니다.

워싱턴의 국회 의사당

대륙 횡단 철도

드넓은 신대륙에 아메리카 합중국이 이룩된 이후 미국은 그야말로 하루가 다르게 발전했습니다. 영국에서 일어난 산업혁명의 영향으로 발전 속도는 더욱 빨라졌습니다.

미국의 힘은 국가의 대동맥인 대륙 횡단 철도가 놓임으로써 더욱 힘차게 뻗어 나갔습니다.

즉, 1869년 5월 10일 미국 유타 주 프로몬트리는 동부에서 서부로 놓아 가던 철도와 서부에서 동부로 뻗어 나온 철도가 만나는 영광을 누렸습니다.

미국 유타주 남서부에 있는 자이언 국립공원

최초의 철도 운수 개통

이로써, 대서양 해안에서 태평양 해안에 이르는 미국의 대륙 횡단 철도*가 완성되었던 것입니다. 철도가 놓이기 시작할 당시에는 그 속도가 매우 느렸습니다.

"저게 뭐야? 시커먼 뱀 같은 것이 방귀를 풍풍 뀌며 지나가네! 웬 괴물이지?"

원주민인 인디언들은 석탄을 때서 연기가 솟아오르는 기차를 발견하고 매우 놀랐습니다. 그래서 말을 타고 기차를 뒤쫓으며, "악마야, 서지 못해?" 하고 창을 던지기도 하였습니다.

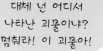

대체 넌 어디서 나타난 괴물이냐? 멈춰라! 이 괴물아!

＊대륙 횡단 철도
광대한 대륙을 횡단하는 철도를 말한다. 철도의 건설은 개발을 목적으로 한 것 외에 정치, 군사적 목적으로 건설되는 것도 있다.
미국은 1840년대에 대륙 횡단 철도 계획을 수립하였다. 이에 1869년 유니언 퍼시픽 철도와 센트럴 퍼시픽 철도에 의해서 최초의 대륙 횡단 철도가 완성되었다.

16세기 후반에 영국 국교회(영국의 왕을 교회의 수장으로 하는 감독 제도의 프로테스탄트 교회)의 종교 개혁을 더욱 철저하게 실천하려고 한 국교회 안의 일파 및 그 흐름에 동조한 프로테스탄트 각파의 총칭이다.

알래스카의 제일 큰 도시 앵커리지

인디언들은 말보다 느린 기차에 뛰어올라 백인 손님들을 위협하고 물품을 약탈하는 데 재미를 붙였습니다.

그런 위험을 무릅쓰고 대륙 횡단 철도가 놓인 것입니다. 나중에는 기차 속도가 엄청나게 빨라지고 백인의 공격으로 인디언이 감히 습격하지 못했습니다.

미국 발전의 원동력은 누가 뭐라고 해도 영국에서 이주해 간 청교도(퓨리턴)*들의 개척 정신입니다. 그들의 굳센 신앙심과 끊임없는 노력으로 아메리카 대륙이 독립을 이루어 발전한 것입니다.

그 당시 400만 명 정도이던 인구가 1860년대에 이르러서는 그 8배인 3,200만 명으로 불어났습니다.

강제로 이주하는 인디언들

골든벨 상식

알레스카의 어제와 오늘

1867년에 미국은 러시아로부터 땅을 사들였다. 이 땅은 빙하와 화산으로 이루어져 있었고, 면적은 우리나라의 8배나 되지만 가격은 불과 720만 달러에 지나지 않았는데, 이 땅이 바로 알래스카이다.

1741년에 덴마크 인 베링은 러시아 정부의 명령으로 알래스카를 탐험했는데, 그 뒤 알래스카는 러시아령이 되었다. 알래스카는 1799년에 러시아 황제의 특허로 러시아·아메리카 회사가 발족하여 모피 무역을 독점함에 따라 19세기 초에 번영을 이루었다.

그러나 크림 전쟁 뒤 회사가 경영 부진에 빠지자, 러시아는 미국과의 협상 끝에 이곳을 팔아넘기기로 하였다.

알래스카는 1896년에는 금광이 발견되어 골드러시 시대를 맞았으며, 1968년에는 유전 발굴로 알래스카 종단 송유관이 건설되어 미국 여러 지역으로 석유를 공급하고 있다.

예로부터 어업이 발달하여, 현재 세계 제일의 어획량을 올리고 있다. 알래스카는 1959년에 정식 주로서 미합중국에 편입되어, 방위 체제의 전초 기지로서 전략상 중요한 역할을 담당하고 있다.

＊인디언 강제 이주법

1830년에 제정된 연방법으로 '주에 거주하는 인디언과의 토지 교환 및 미시시피 강 서부에 그들을 이주시키는 문제를 규정한 법률'이다.

이 법률에서는 대통령에게 미시시피 강 서부의 미합중국 토지를 적당히 분할하여 현재 인디언이 사는 땅과 교환할 수 있는 권한을 주었다. 또한, 미합중국은 영속적으로 인디언 및 그 자손에 대해 교환된 지역을 보호해 줄 것을 보증한다는 내용이 규정되어 있다.

그러나 새로운 이주지마저 보장되지 않았으므로, 인디언의 재산권과 정치적 자치를 존중한다는 미합중국의 초기 정책과는 크게 달랐다.

유럽으로부터의 이민자 수가 불어나서 국토 개발의 힘이 날이 갈수록 강해졌습니다. 그러다가 1867년에 미국은 러시아로부터 알래스카를 사들일 만큼 강대해졌으며, 이때 오늘날의 미국 영토 모양을 이루었습니다. 아메리카 대륙은 북부는 공업과 농업 지대, 남부는 대농장 지대이고, 서부는 새로운 형태의 농장 지역을 이루었습니다.

성서를 읽고 있는 청교도인

미국의 발전을 확실하게 앞에서 이끈 것은 '민주주의' 정치입니다.

1789년 영국으로부터 독립한 미국은 조지 워싱턴을 대통령으로 뽑아 세계 최초의 민주 공화국을 이룩했습니다.

프랑스 대혁명으로 온 유럽이 혼란스러워졌을 때인 1823년에 미국의 먼로 대통령은,

"우리는 유럽 문제에 상관하지 않겠으니 유럽도 미국에 대해서 일체 간섭하지 마라."

라고 선언했습니다.

 골든벨 상식

먼로

미국의 제5대 대통령으로, 먼로주의를 제창했다.

버지니아 주 웨스트모얼랜드에서 태어나 윌리엄 메리 대학을 졸업하였다.

18세 때에 독립 전쟁에 종군하고 이어 정계에 들어가 상원 의원, 프랑스 공사, 버지니아 주 지사, 국무장관 등을 지냈다. 1816년과 1820년, 두 차례에 걸쳐 대통령에 당선되었다.

1823년에 먼로 교서를 발표하여, 미국은 유럽 여러 나라 사이의 분쟁에 간섭하지 않을 테니, 그 대신 유럽 여러 나라도 미국에 대해 참견하지 말라는 '먼로주의'를 제창했다. 이것은 미국 외교 정책의 기본으로 이어져 내려왔다. 또, 에스파냐로부터 플로리다 지방을 사들여 '미주리 협정'을 맺었다.

먼로주의를 선언한 미국의 대통령 먼로

미국 초대 대통령 조지 워싱턴의 동상

＊먼로주의
　미국 제5대 대통령 먼로가 1823년 연두 교서에서 밝힌 외교 방침이다. 러시아의 태평양 연안 진출과 유럽의 라틴 아메리카에 대한 위협을 배경으로 하여 선언된 것이다. 미국에 대한 유럽의 간섭이나 재식민지화를 허락하지 않는 대신, 미국도 유럽에 대하여 간섭하지 않겠다는 내용이다. 그 후 이것이 미국 외교 정책의 기조가 되었다. 널리 외교상의 불간섭주의를 뜻하는 말로도 쓰이고 있다.

　이것이 바로 '먼로주의'＊입니다. 그 주요 내용은 아메리카 대륙에 대한 유럽 열강의 간섭 배척, 유럽 열강의 아메리카 대륙에 대한 새로운 식민지화 배척과 아울러, 미국도 유럽 여러 나라의 국내 문제에는 간섭하지 않는다는 것이었습니다.

　이러한 먼로주의는 외국과 분쟁에 관련된 동맹을 맺지 않는다는 초대 대통령 워싱턴의 '고립주의' 정책과 같은 정신에서 나온 것입니다. 먼로주의는 그 후 오랫동안 미국 외교의 기본 정책이 되었습니다.

조지 워싱턴 국가 기념관

1814년의 빈 회의로 뭉친 유럽 보수주의 국가들은 라틴 아메리카의 신생 독립 국가들을 에스파냐가 다시 식민지화하는 데 찬성하였고, 러시아 제국도 알래스카를 거쳐 태평양 해안을 따라 계속 남하하고 있었습니다.

이렇게 유럽 국가들에 쐐기를 박음으로써 미국의 세력은 더욱 크게 뻗어 나가기 시작했습니다.

복고주의가 지배적이었던 빈 회의

1814년 가을, 오스트리아의 수도 빈에서 프랑스 혁명과 나폴레옹 전쟁으로 혼란에 빠진 유럽 질서를 바로잡기 위한 빈 회의가 개최되었다.

이 무렵 유럽은 프랑스 혁명 이전의 정치 체제로 되돌아가려는 보수주의와 자유롭고 평등한 국민 국가를 이룩하려는 자유주의 사상이 대립하고 있었다. 그런데 이 회의에 참석한 사람들이 대부분 보수주의자였으므로, 회의 결과도 보수적 성향을 띤 것은 당연한 일이었다.

이 회의에서는 프랑스 혁명이나 나폴레옹 전쟁으로 일어난 왕조의 변경이나 폐지, 국경 변동과 같은 정치상의 변화는 인정하지 않기로 하였다.

다시 말해, 프랑스 혁명 이전 상태로 되돌린다는 복고주의가 지배적이었다.

빈 회의를
풍자한 그림

미국 중개인이 기니 해안에서 백인에게 흑인 노예를 파는 모습

노예장사를 하는 모습

　이러한 발전과 번영의 길을 달리던 미국이 두 파로 크게 갈리어 서로 맞서기 시작한 것은 다름 아닌 노예 문제가 그 원인이었습니다.

　미국 최초의 흑인 노예는 1619년에 네덜란드 상인이 데리고 온 20여 명의 아프리카 흑인이었습니다. 그 후 노예 수는 점점 늘어나 남부의 목화 재배지에서 한창 일할 때에는 70만 명을 바라보게 되었습니다.

노예 판매

자유를 갈망하는 두 꼬마 노예

선박안의 꼬마 노예들

노예 제도에 대한 북부와 남부의 견해 차이

"짐승처럼 부리는 노예를 해방해야 한다!"

이런 소리가 미국에 메아리쳤습니다.

사실, 노예 문제는 오히려 남부에서 먼저 폐지할 것을 생각하고 있었습니다. 미국에서 생산되는 목화는 전부 영국으로 수출되고 있었는데, 목화의 씨를 빼는 데 시간이 너무 많이 걸려서 농장 주인으로서는 노예를 거느리는 것이 그다지 이익이 되지 않았기 때문입니다.

그러나 1793년 무렵에 엘리 휘트니가 목화씨를 빼는 기계를 발명하고부터는 사정이 달라졌습니다.

이 기계가 사람의 손보다 빠른 속도로 목화에서 씨를 빼내, 내다 팔 수 있는 목화의 양이 갑자기 수십 배로 늘어난 것입니다.

따라서, 이익이 많이 남게 되자 흑인 노예가 더욱 필요해졌습니다.

엘리 휘트니가 발명한 목화씨를 빼는 기계

＊플랜테이션

열대, 아열대 지방의 넓은 농경지에서 자본과 기술을 가진 유럽인과 미국인이 원주민의 값싼 노동력을 이용하여 특정 작물을 대규모로 재배하는 기업적 농업 형태를 말한다. 유럽, 미국 열강의 외국 진출에 따라 형성되었다.

유럽인과 미국인은 동남아시아, 라틴 아메리카, 아프리카 등의 식민지 또는 개발 도상국에 자본과 기술을 제공하였다. 그리고 풍부하고 값싼 현지 주민이나 이민자들의 노동력과 토지를 이용해서 차, 코코아, 커피, 사탕수수, 파인애플, 고무, 목화 등 본국에서는 재배하지 않거나, 재배하더라도 유리하게 재배할 수 없는 작물을 재배하였다.

플랜테이션의 목화 농사

산업혁명 이후에는 기계가 발달한 영국에서 미국 목화를 얼마든지 사들여 옷감을 짰습니다.

그리하여 미국 남부는 목화와 담배 농사가 더욱 활발해졌으며, 급기야는 흑인 노예 없이는 대농장을 꾸려 나갈 수 없게 되었습니다.

목화 농사를 중심으로 한 대규모 농원은 남부에 널리 퍼졌고, 목화로 큰돈을 번 농장 주인은 더욱 많은 흑인 노예를 부리며 귀족처럼 행세하였습니다.

라틴 아메리카의 노예무역

미시시피 강의 증기선

그러나 미국 밖의 형편은 달랐습니다. 1833년, 영국의 식민지에서 노예 제도가 금지되었고, 1848년에는 프랑스의 식민지에서도 노예 제도가 폐지되는 등 세계 곳곳에서 노예 제도를 폐지하고 있었던 것입니다.

그런데 오히려 자유와 평등을 부르짖는 미국에서만은 노예의 숫자가 갈수록 더 늘어가는 형편이었습니다.

산업혁명*으로 많은 노동자가 필요했던 북부의 공장에서는 이러한 세계적 움직임과 인도주의를 내세워 노예 해방을 주장하고 나섰습니다.

> *산업혁명
> 눈부신 기술의 진보와 공장제 공업의 출현에 의한 산업상의 여러 변화 및 이로 말미암은 경제 사회의 혁명적 변화를 말한다.
> 18세기 후반부터 영국에서 시작되었다.

미국의 노예 제도는 신대륙을 개척했을 때 이미 시작되었습니다. 농사와 지하자원 개발에 노동력이 크게 모자랐던 까닭에 미국인들은 처음에는 인디언들을 납치해 노예로 부려 먹었습니다.

그러나 그들은 허약하여 병에 잘 걸리고 심한 노동을 견뎌내지 못했습니다. 결국, 미국은 아프리카에서 마구잡이로 끌어온 흑인들을 노예로 부렸습니다.

이처럼, 미국이 발전하면 할수록 흑인 노예는 더욱 필요해졌으며, 마침내는 남북 간에 이 문제로 대립하게 되었습니다.

목화를 거두는 노예들

노예로 부려지는 흑인 가족들

자유를 향해 도망가는 노예 가족

2 링컨의 노예 해방과 남북 전쟁

　남북 전쟁은 1861년부터 1865년까지 미국의 북부와 남부 사이에 일어났던 전쟁입니다.

　농업을 주된 산업으로 하기 때문에 노예 제도의 존속을 주장한 남부와 상공업이 주된 산업이었으며 노예 제도의 폐지를 주장한 북부는 서로 대립하였습니다.

　그러다가 1860년 북부의 링컨이 대통령에 당선되자 남부 11개 주가 연방에서 탈퇴하여 남부 연합을 결성하였습니다.

　이에 연방 측은 이를 저지하여 연방을 수호하려 한 데서 남북 전쟁이 일어났습니다. 전쟁 초기에 잠깐 밀렸던 북부는 게티즈버그에서 크게 승리하였고, 1865년에 남부로부터 항복을 받음으로써 결국 노예 제도는 폐지되었습니다.

미국 링컨 기념관

노예 해방을 주장한 링컨

노예 시장

1850년대 무렵 미국은 노예를 해방하자는 북부와 노예 제도*를 그대로 유지하려는 남부가 팽팽하게 맞섰습니다. 남부에서는 흑인 노예 없이는 대농장을 경영할 수가 없었습니다.

"인간의 자유와 평등, 존엄성을 짓밟는 노예 제도는 반드시 없애야 한다!"

북부에서는 이런 주장을 하였으나 속셈은 따로 있었습니다. 즉, 북부의 공장 주인들은 모자라는 노동력을 채우기 위하여 남부에 많이 있는 흑인 노예에게 눈독을 들인 것입니다.

'해방된 노예를 일꾼으로 쓰면 백인 노동자의 10분의 1의 월급만 주어도 부릴 수 있을 거야.'

토지를 찾아 로키 산맥을 넘어 오리건으로 향하는 사람들

공장이 많은 북부에서는 노동자의 월급이 비쌌습니다. 1846년, 북부는 노예 폐지법을 의회에 내놓았으나, 남부의 강한 반대에 부딪혔습니다.

당시 상원 의원이었던 존 캘룬 같은 사람은 심지어 이렇게 말하였습니다.

"한 사회가 발달하고 문화를 꽃피우기 위해서는 노예 제도가 없이는 불가능하다!"

비록 노예 제도를 두고 남과 북이 서로 다른 의견이었으나, 각 주마다 철저한 자치권이 인정되었기 때문에 그렇게 크게 다툴 필요는 없었습니다.

한 걸음 더!

노예 해방에 큰 영향을 끼친 <톰 아저씨의 오두막집>

<톰 아저씨의 오두막집>은 미국 여류 작가 스토 부인의 장편 소설이다.

1850년 '도망 노예 단속법'에 반발하여 잡지에 연재되었는데, 1852년 단행본으로 출판하자 베스트 셀러가 되었다.

이 책은 자유와 인간의 영혼은 매매의 대상이 될 수 없다는 것을 인도주의에 호소하여 국내외에 커다란 반향을 일으켰다.

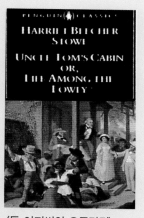

〈톰 아저씨의 오두막집〉

또한, 이 소설은 노예 제도 폐지 여론에 큰 영향을 주어 남북 전쟁이 일어나게 된 원인 중의 하나라고 평가되기도 한다.

＊스토 부인

미국의 여류 소설가로, 청교도 목사의 딸로 태어났다. 켄터키 주를 여행하면서 흑인 노예들의 비참한 생활을 보고 나서부터, 노예 제도 폐지 운동에 앞장서기 시작했다.

그 운동의 하나로, 1851년부터 2년간 〈톰 아저씨의 오두막집〉을 썼는데, 이 책은 40만 부 이상 팔리는 놀라운 성과를 거두었다.

〈톰 아저씨의 오두막집〉은 선량한 노예와 잔인하고 포악한 백인 농장주를 대조시켜 노예 제도의 실태를 낱낱이 폭로한 소설로, 남북 전쟁의 한 원인이 되었다는 평가를 받고 있다.

스토 부인의 조각상

＊골드러시

새로 발견된 금광을 중심으로 발생하는 인구 집중 현상이다.

1848년 미국의 캘리포니아 금광 발견으로 많은 미국인이 태평양 연안까지 진출하였다.

19세기 켈리포니아의 모습

금을 골라내는 데 쓰는 쟁반

"우리 주에서는 인정할 테니까, 그렇게 못마땅하면 당신네 주에서는 금지하면 될 거 아냐?"

그러나 1836년 텍사스 주가 에스파냐로부터 독립한 후 1845년 미합중국에 합쳐지면서부터, 새롭게 가입하는 주의 노예 제도를 두고 남과 북이 서로 날카롭게 대립하게 되었습니다.

사금을 채취하는 모습

이 찬란한 황금빛! 난 세상에서 금이 제일로 좋아! 하하.

자, 오늘은 또 어디서 금맥을 캐 볼까?

"노예 제도를 인정하시오!"

"안 됩니다! 크리스트 국가로서 도저히 있을 수 없는 일이오. 텍사스 주는 노예 제도를 금지하시오!"

골드러시*는 서부 개척의 새로운 길이 되었고, 서부 개척과 동시에 새로운 주가 합쳐지게 됨으로써 노예 제도 문제가 남북 사이의 가장 큰 문제로 떠올랐습니다.

한편, 1846년에 북부가 제출한 노예 제도 폐지 법안은 남부의 거센 반대에 부딪혔습니다.

1848년, 캘리포니아에서 금이 발견되었습니다.

이를 시작으로 동부의 많은 사람이 금을 캐기 위하여 서부로 몰려가기 시작했습니다.

이것을 '골드러시' 라고 합니다.

미국 텍사스 주의 주도 오스틴

미국 켈리포니아 주에 있는 샌프란시스코 시청

스토 부인의 초상

'톰 아저씨의 오두막집'의 삽화

흑흑. 흑인 노예들의 삶이 이렇게 비참한지 몰랐어. 너무 불쌍해.

"쳇, 북부 놈들은 무슨 권리로 남의 재산을 마음대로 빼앗겠다는 거야?"

남북이 이렇게 팽팽히 맞서고 있던 1852년, 여류 작가인 스토 부인은 노예들의 비참한 생활을 그린 소설 〈톰 아저씨의 오두막집〉을 썼습니다.

이 소설은 노예들의 비참한 생활을 고발한 것인데, 많은 미국인에게 큰 충격을 주었으며 동시에 노예 제도 폐지에 대한 여론을 들끓게 하였습니다.

"흑인도 인간 대접을 받아야 한다!"

이런 소리가 높아지던 1860년에 미국에서는 대통령 선거가 치러졌습니다. 이 선거에서는 세 명의 대통령 후보가 나섰는데, 여기에 공화당 후보로 나온 사람이 바로 에이브러햄 링컨입니다.

링컨은 1809년 2월 12일, 켄터키 주*의 초라한 통나무집에서 태어났습니다.

가난한 개척자의 집에서 태어난 링컨은 어렸을 때부터 여기저기를 떠돌면서 살았습니다.

그런 어려운 생활 속에서도 링컨은 씩씩하고 밝게 자라났습니다.

공부를 무척 좋아하던 링컨은 집에서 6킬로미터나 떨어진 길을 매일 걸어서 학교에 다녔습니다.

그러나 집안이 매우 가난했기 때문에 링컨이 학교에 다닌 기간은 불과 1년 정도였습니다.

*켄터키 주
　미국 중부에 있는 주이다. 석탄과 석유가 풍부하며, 담배와 옥수수의 재배가 성하다. 주도는 프랭크퍼트이다.

미국 일리노이 주 뉴셀렘에 있는 링컨의 동상

그 후에도 링컨은 좌절하지 않고 혼자서 꾸준히 공부했습니다.

'공부를 더욱 열심히 해서 워싱턴＊과 같은 훌륭한 사람이 되어야지.'

링컨은 키가 무척 컸기 때문에 사람들은 그를 '키다리 에이브'라고 불렀습니다.

링컨은 사람들 앞에서 연설하는 것을 좋아했습니다.

미국 켄터키 주의 주도 프랑크푸르트의 야경

"여러분! 자유와 평등을 추구하는 우리 아메리카는 개척자 정신으로 똘똘 뭉쳤습니다. 아무리 어렵고 고통스러워도 포기하지 않고 끝까지 도전하는 정신! 이것이야말로 우리가 후손에게 물려줄 자랑스러운 정신입니다!"

미국 제 16대 대통령 링컨

*프런티어

본래는 '정치적 경계선'이라는 뜻이었으나, 미국에서 1제곱마일당 2~60명의 인구 밀도를 갖는 변두리의 개척지를 의미한다.

이때, 미국의 국민성과 국가적 특성이 생겨났다고 볼 수 있다. 프런티어는 일반적으로 변경 또는 미개발 지역을 개척해 나가는 미국인의 진취적 기상인 개척 정신을 의미한다.

링컨의 연설을 들은 사람들은 너나없이 링컨의 주장에 공감하며 힘찬 박수를 보냈습니다.

"역시 에이브의 연설은 늘 감동적이야. 이런 곳에 그대로 두기엔 너무 아깝단 말이야."

에이브의 연설은 들을수록 그냥 빨려들어 가는 것 같아.

구구절절 옳은 이야기만 하는구먼. 에이브는 앞으로 큰 인물이 될 거야.

35

노예를 사고파는 모습

＊뉴올리언스
미국 멕시코 만에 면한 항구 도시이다.
미국 남부 지역의 주요 무역항으로, 쌀과 면화의 수출과 바나나와 커피 등의 수입으로 크게 번영하였다.

　훗날 링컨은 뉴올리언스＊에서 그의 운명을 결정하게 된 광경을 보고 매우 큰 충격을 받았습니다.

　그것은 많은 사람에게 둘러싸인 흑인 모녀를 팔고 있는 광경이었습니다. 작은 소녀는 두려움으로 얼굴이 이미 새파랗게 질려 있었습니다.

　"자, 이젠 값을 불러 보시오."

　"둘 다 합해서 420달러!"

　"나는 딸만 180달러에 사겠소."

오랜 흥정 끝에 결국 모녀는 각각 다른 사람에게 팔렸습니다. 울부짖는 모녀를 본 링컨은 충격을 받았습니다.

"너무 잔인하다! 사람으로서는 도저히 할 수 없는 일이 어떻게 아무렇지도 않게 벌어지고 있단 말인가?"
그는 화가 나서 두 손을 부르쥐었습니다.

링컨은 그 후 일하는 틈틈이 법률을 공부해서 변호사가 되었습니다. 그리고 1834년, 마침내 링컨은 25세의 나이로 일리노이 주* 의회의 의원으로 당선되어 정치가로서의 첫발을 내디뎠습니다.

링컨은 주 의회 의원을 33세 때까지 연이어 4번을 하고, 1847년에는 38세의 나이로 연방 하원 의원에 당선되었습니다.

링컨의 인기는 날로 높아졌습니다. 링컨은 연방 의회 때 하원 의원으로서 대통령의 잘못된 정책을 비판하는 등 크게 활약했습니다.

*일리노이 주
미국 미시간 호 남서쪽에 있는 주이다. 중요한 농업 지대이며, 석탄과 석유 자원도 풍부하다. 주도는 스프링필드이다.

스프링필드에 있는 링컨의 묘비

여자 노예를 사고파는 여성 노예 시장

뉴올리온즈의 전경

　또한, 1854년에 의원직을 그만둔 후 변호사로서 약한 자의 편에 서서 적극적으로 활동하였습니다.

　"노예 제도를 폐지하려면 우리가 힘을 합쳐 새로운 정당을 만들어야 합니다!"

　1854년, 북부에서는 민주당과 휘그당 외에 새로운 정당을 만드는 집회가 열렸습니다.

　"그럽시다! 그러면 모든 사람이 정치를 한다는 뜻에서 '공화당'이 어떻습니까?"

　이렇게 하여 공화당이 탄생하였습니다. 그 뒤 공화당은 남부를 지

하나 된 아메리카를 위해 노예 제도는 반드시 폐지되어야 한다!

미국의 정치가 더글러스

미국 제 7대 대통령이자 민주당의 창시자 앤드루 잭슨

지하는 민주당과 대립의 길을 걸었습니다. 링컨도 공화당의 당원이 되었습니다.

'큰일이다. 이렇게 노예 제도 때문에 남과 북이 계속 대립하다가는 아메리카 합중국이 분열될 위기에 처하겠구나.'

얼마 후, 정치 활동을 다시 시작한 링컨은 공화당으로 상원 의원 선거에 입후보하였습니다. 민주당에서는 유력한 정치가인 더글러스가 입후보했습니다.

"더글러스는 상원 의원을 12년이나 한 노련한 정치가야. 링컨으로서는 감히 상대되지 않지."

링컨의 노예 해방 주장을 환영하는 사람들

＊공화당

민주당과 더불어 미국 2대 정당의 하나이다. 1854년에 성립되었으며, 페더럴리스트(연방중앙집권론자)들로 조직되었다.

공업 자본을 옹호하고 북부 공업자와 중산 계급을 기반으로 한다.

스티븐 더글러스의 묘

"그래, 인기가 있다고 아무나 정치를 할 수 있나? 링컨이 어리석지. "

곳곳에서 링컨과 더글러스의 열띤 논쟁이 시작되었습니다. 그러나 역시 더글러스의 힘이 강했으며, 링컨은 고전을 면치 못했습니다. 선거 결과 링컨은 패하고 말았습니다. 비록 상원 의원 선거에서는 패했지만 링컨의 훌륭한 연설에 많은 사람이 감동을 하였습니다.

"그래, 어떻게 이룬 독립인데, 이렇게 계속 다투다가는 링컨의 말대로 우리 합중국이 망하게 될지도 몰라."

그래서 링컨을 공화당[＊] 대통령 후보로 내세우자는 여론이 들끓었습니다.

"노예 제도는 반드시 폐지되어야 합니다! 그래야 아메리카 합중국도 하나 된 나라로서 더욱 발전할 수 있습니다!"

링컨 후보의 주장이었습니다. 물론 남부 대표인 민주당 후보 브레킨리지는 노예 제도를 주장했습니다. 그리고 중도파인 더글러스는 어느 쪽에도 기울지 않고 머뭇거렸습니다.

턱수염이 인상적인 링컨*은 원래 턱수염이 없었습니다. 그러던 어느 날, 선거 연설을 하러 다니던 링컨은 어느 소녀에게서 편지 한 장을 받았습니다.

'수염을 길러 보세요. 그러면 깡말라서 움푹 팬 양쪽 볼이 가려지고, 또 턱수염 때문에 아주 멋있게 보일 거예요.'

 골든벨 상식

링컨

미국의 제16대 대통령이다. 1834년에 일리노이 주 하원 의원에 당선되어 1842년까지 주의 정치에 관여했다. 1856년에는 부통령에 당선되었으며, 1863년에는 대통령에 당선되었다. 그는 취임하자마자 노예 폐지령을 선언하였다.

그러자 남부에서 반대 의견이 격화되어 결국 남북 전쟁이 일어났는데, 전쟁은 북군의 승리로 끝났다. 1863년 11월, 게티즈버그에서의 연설에서 "국민의, 국민에 의한, 국민을 위한 정부는 지상에서 영원히 사라지지 않을 것이다."라는 명언을 남겼다.

턱수염을 기른 링컨

링컨은 곧 턱수염을 기르겠다는 답장을 띄웠습니다. 이렇게 하여 링컨은 근엄하고 위엄이 있어 보이는 턱수염을 갖게 된 것입니다.

선거 결과 링컨이 미국의 제16대 대통령에 당선되었으며, 노예 제도의 폐지가 눈앞에 다가왔습니다.

그러나 얼마 후 링컨이 가장 두려워하던 일이 남부에서 일어났습니다.

남북 전쟁 당시 남부 동맹의 수도인 리치먼드의 유적

남부 동맹 데이비스 대통령의 저택

"우리는 노예 제도에 반대하는 공화당의 대통령을 인정
할 수 없다!"

"그래, 우리는 우리 남부만의 정부를 따로 세우자!"

그리하여 1861년 2월, 남부에 있는 7개 주가 북부에 등을
돌리고 아메리카 합중국에서 따로 떨어져 나갔습니다.

데이비스 대통령

그리고 2월 8일, 앨라배마 주의 몽고메리에서 남부 동맹
의 결성을 선언하고 대통령에 제퍼슨 데이비스를 선출했습
니다.

미국이 남과 북으로 갈라질 위기에 놓인 것입니다.

님부의 수도 버지니아 주의 리치먼드가 함락되는 장면

남북 전쟁의 시작

그 후, 4개 주가 더 가담하여 남부 동맹은 11개 주가 되었습니다. 수도는 버지니아 주의 리치먼드였습니다.

1861년 4월 12일, 사우스캐롤라이나 주 찰스톤 항에 있던 합중국의 섬터 요새를 남부의 군대가 먼저 공격함으로써 전쟁은 시작되었습니다.

미국의 흑인 노예로 '드레드스콧사건'의 중심인물 드레드 스콧

미국의 남북 전쟁을 배경으로 한 영화 〈바람과 함께 사라지다〉의 한 장면

사람들은 이 전쟁이 몇 주일이면 끝날 것으로 믿었습니다. 그러나 미국 전체를 전쟁터로 만들며 계속된 전쟁은 그로부터 4년이나 지속되었습니다.

남부는 로버트 리나 토머스 잭슨 같은 뛰어난 장군이 있었지만, 조건적으로 훨씬 불리했습니다.

우선 북부의 인구가 남부의 3배가 넘었습니다. 그리고 공장이 많은 북부는 무기 생산 능력이 월등하여 함대를 건설하고 남부 해안을 가로막아 목화와 담배를 수출하는 뱃길을 끊었습니다.

사우스캐롤라이나 주에 있는 섬터 요새의 대포

전투가 북군에게
유리하게 전개되자,
링컨은 이것을 기회
로 노예 해방을 선언
했습니다.

남북 전쟁 당시 사용된 카빈총

"아메리카 합중국
정부는 모든 노예의 자유를 인정하고 보호한다!"

노예 해방 선언은 아메리카뿐만 아니라 세계적으로 큰
반향을 불러일으켰습니다. 그리고 모두 격려의 편지를 보
내 주었습니다.

"노예 해방 만세!"

"링컨 대통령 만세!"

아들과 함께한 링컨

리치먼드 전투 이 전투로 말미암아 남북 전쟁은 실질적으로 끝났다.

격투하고 있는 북군과 남군

*펜실베이니아 주
미국 동부 애팔래치아
산맥 북단을 차지하고
있는 주이다.
무연탄, 석유 등 지하
자원이 풍부하고, 각종
공업이 활발하다. 주도
는 해리스버그이다.

*게티즈버그
미국 펜실베이니아 주
남부에 있는 도시이다.
남북 전쟁의 격전지로,
국립묘지와 국립 군사
공원이 있다.

1863년 7월 1일, 마침내 북군은 펜실베이니아 주* 게티즈버그* 전투에서 남군에게 최대의 패배를 안겨 주었습니다. 이 전투는 지금까지 볼 수 없었던 가장 치열한 싸움이었습니다.

국민의, 국민에 의한, 국민을 위한 정부는 이 지구 상에서 영원히 사라지지 않을 것입니다.

이 전투에서의 사상자는 남군과 북군 합해서 약 5만 명 이상이 되었습니다.

전투가 끝난 뒤 격전장이었던 게티즈버그 언덕은 국립묘지가 되었습니다.

그리고 그해 11월 9일, 그곳에서는 전몰 용사를 추도하는 추모식이 거행되었습니다.

그때 링컨은 자유를 사랑하는 사람들의 마음에 영원히 남을 5분의 짧은 연설을 했습니다.

남군에게 최대의 피해를 안겨 준 게티즈버그 전투

용맹하게 돌진하는 북군

게티즈버그에서 연설하는 링컨

*그랜트
미국의 군인이며 정치가이다. 육군 사관 학교를 졸업하고, 멕시코 전쟁에 종군 하였다가 1854년 퇴역하였다.
퇴역 후 남북 전쟁이 일어나자 북군의 총사령관으로서 남군을 패배시키고 리 장군의 항복을 받아내 국민적 영웅으로 주목받았다. 그 명성에 의해 1868년 대통령으로 선출되었다. 두 차례에 걸쳐 대통령으로 선출되었으나 정치에는 그리 능숙하지 못하였다.

"…… 우리는 이 나라를 영원히 지키기 위하여 이곳에서 목숨을 바친 사람들을 추모하기 위해 모였습니다. 세상은 우리가 이곳에서 드리는 추모에 주목하지 않을 것이며, 또한 오래 기억하지도 않을 것입니다.

그러나 우리는 용사들이 이곳에 이룩해 놓은 업적을 영원히 기억할 것이며, 그들의 죽음이 헛되지 않도록 이 땅에 자유를 깊이 심을 것입니다. …… 국민의, 국민에 의한, 국민을 위한 정부는 이 지구 상에서 영원히 사라지지 않을 것입니다!"

이것이 그 유명한 '게티즈버그 연설'입니다.

그랜트

게티즈버그에서의 링컨

남북 전쟁의 두 주역인 그랜트 장군과 리 장군

그리고 이 '국민의, 국민에 의한, 국민을 위한' 정치는 민주주의의 기본 정신이 되었습니다.

한편, 게티즈버그에서 승리한 북군은 1863년 그랜트* 장군의 지휘 아래 빅스버그를 점령함으로써 전쟁의 주도권을 잡았습니다. 빅스버그는 미국 남부 미시시피 강의 중요 항구입니다.

자꾸만 밀리던 남군은 1865년 4월, 리* 장군이 북군의 그랜트 장군에게 항복함으로써 4년 동안이나 계속되었던 남북 전쟁은 북군의 승리로 막을 내렸습니다.

로버트 리 장군

*리
미국의 군인으로, 남북 전쟁이 일어나자 남군에 가담하여 버지니아 군을 통솔하였으며, 이어 남군 총사령관이 되어 공방전에 비상한 능력을 발휘하였다.

극장에서 암살당한 링컨

링컨 기념탑

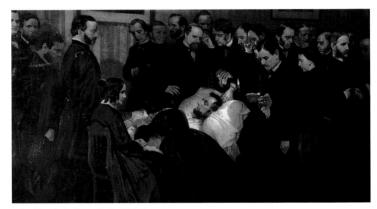
임종을 맞이하는 링컨 대통령

　60만 명이 목숨을 잃은 이 전쟁은 미국 내에서의 마지막 전쟁이 되었고, 아울러 20세기에 세계 곳곳의 전쟁에 앞장서는 미국의 중요한 전쟁 경험이 된 셈이었습니다.

남북 전쟁이 북군의 승리로 막을 내림으로써 노예 제도는 폐지되었습니다. 그리고 통일 미국은 국가의 힘을 한데 모아 강대국으로 서서히 떠오르게 되었습니다.

그러나 '노예 해방의 아버지'로 존경받던 링컨은 1865년 4월 15일, 연극을 보러 간 극장에서 한 암살자의 총탄에 쓰러지고 말았습니다.

아메리카 건국 이래 가장 위대한 대통령이었던 에이브러햄 링컨의 나이 56세 때의 일입니다.

링컨을 기려 세운 링컨 기념관

3 세계의 대국으로 성장하는 미국

4년간에 걸친 남북 전쟁은 주로 남부에서 치러졌기 때문에, 남부의 토지는 극도로 황폐해졌습니다. 더욱이 노예가 해방되어 남부의 대농원은 몰락하고 말았습니다.

한편, 농업의 기계화가 미국에서 처음으로 시행되었습니다. 이에 따라 광활한 국토와 풍부한 자원을 바탕으로 자본주의가 급속도로 발전하였습니다.

풍부한 자원과 노동력으로 미국의 공업은 급속도로 발전하였으며, 제1차 세계 대전 후에는 세계 금융의 중심지가 런던에서 뉴욕으로 이동하였습니다.

미국 맨해튼

급속도로 발전하는 미국의 산업

남북 전쟁이 끝난 후 미국의 산업은 급속히 발전했습니다. 그 기초가 된 것은 철도의 발달이었습니다.

남북 전쟁이 한창 진행될 무렵 군대와 식량, 무기 등을 실어나르는 수단으로 시작된 철도 건설은 더욱 활기를 띠었습니다.

그 후, 1873년 펜실베이니아 주에서 철강업을 시작하려는 한 사람이 있었는데, 그가 바로 앤드루 카네기였습니다.

'이제는 철도보다는 철강의 시대가 되었어! 철강업으로 큰돈을 벌 수 있을 거야.'

그는 13세 때 스코틀랜드에서 가족과 함께 펜실베이니아 주로 이민을 왔고, 뒷날 사람들은 그를 '철강왕' 이라고 불렀습니다.

미국에서 가장 큰 강철 중심 펜실베이니아 주에 있는 피츠버그

카네기는 그 후 큰 성공을 거두어 많은 재산을 공공 시설에 기부하거나 어려운 사람들에게 나누어 주었습니다.

얼마 후, 이렇게 하여 시작된 철강업은 아메리카 산업 발전의 원동력이 되었습니다. 같은 시기에 철강업과 어깨를 나란히 한 거대한 산업이 바로 석유 산업입니다.

미국의 산업자본가 앤드루 카네기

*록펠러

미국의 사업가이자 자선가이다. 1870년에는 자본금 100만 달러로 오하이오 스탠더드 석유 회사를 세웠다.

이 회사는 그의 뛰어난 경영 수완 덕분에 인해 얼마 안 가 미국 최대의 정유 회사가 되었다.

1870년, 펜실베이니아 주의 록펠러*는 석유 실업가가 되었습니다. 그는 스탠더드 석유 회사를 설립하고, 12년 후에는 석유업에 대한 독점적인 지배권을 확립할 수 있었습니다. 카네기와 록펠러의 활약과 함께 아메리카의 산업 발전을 뒷받침해 준 것은 많은 발명과 눈부신 기술의 진보였습니다.

1876년, 그레이엄 벨이 전화기를 발명한 것을 시작으로 1879년에는 발명왕 에디슨이 전등을 발명했습니다.

한 걸음 더!

철강왕 카네기

미국의 실업가이며 사회 사업가이다. 스코틀랜드의 파이프에서 방직공의 아들로 태어났다. 1848년의 산업 혁명 때 미국으로 이주하였다.

전신 기사, 펜실베이니아 철도의 감독원 등으로 있으면서 재산을 모아 기계 · 제조 · 운송 · 석유 회사에 투자하여 많은 이익을 얻었다.

1865년에 펜실베이니아 철도 회사를 그만두고 독립해서 사업 경영에 투신하여 레일, 차축, 철교, 기관차 등을 제조하는 많은 기업을 경영하였다.

1872년에 제강법 발명가인 베서머와 알게 되어 톰슨 철강 회사를 세우고, 철강업에 주력하였다. 1881년에는 그의 모든 기업을 한데 합쳐, 미국 최대 철강 기업인 '카네기 제강 회사'를 설립하였다.

철강왕 카네기

이 회사는 그 무렵 세계 최대의 철강 회사로서 미국 철강 생산의 4분의 1을 차지하였다. 1901년에 회사를 모건 재벌에 팔아넘기고 실업계에서 은퇴하였다.

에디슨은 그 외에도 축음기, 영사기, 발전기 등을 차
례로 발명했습니다.

에디슨은 또한 발전소를 만들어 아메리카 각지
에 전기를 공급하였습니다. 동력을 얻은 공업은 더
욱 발전했고, 도시에는 거미줄처럼 많은 전선이 가
설되었습니다.

미국의 석유 사업가인 록펠러

골든벨 상식

에디슨

발명왕 에디슨

미국의 전기 기술자이며 발명가이다. 15세 때에 역장 아들의 목숨
을 구해 준 것이
인연이 되어 전
신술을 배우고
전신 기사가 되
었다. 1870년 무
렵부터 여러 가
지를 발명하기
시작하였다.

"천재는 98퍼센트의 땀과 2퍼센트의 영
감으로 이루어진다."라고 한 에디슨의 말
은 천재 발명가의 노력을 잘 말해 주고 있
다.

그가 특허받은 발명품만 해도 1,300여
개나 된다.

에디슨 박물관에 있는 에디슨 연구소

세계 최초의 자동차를 제작한
헨리 포드

1903년에는 헨리 포드가 포드 자동차 회사를 설립해 값
싸고 튼튼한 자동차를 개발하여 팔기 시작하였습니다. 그
리고 1913년에는 벨트 컨베이어가 도입되어 연속 운반 작
업에 의한 대량 생산에 성공하였습니다.

덕분에 자동차는 값이 더욱 싸졌고, 거리에는 자동차가
넘치도록 많아졌습니다.

최초의 자동차

1913년 포드 자동차 공장의 작업

미국 미시간주 디어본에 있는 포드 자동차 회사 본부

식민지에 뛰어든 미국

한편, 미국은 식민지 차지 경쟁에 가장 늦게 뛰어들었습니다. 그러다가 1898년 태평양 하와이를 점령함으로써 미국은 깜짝 놀랄 만한 강대국으로 떠올랐습니다.

바로 이 해에 미국 전함 메인호가 에스파냐의 식민지인 쿠바 수도 아바나를 방문했다가 폭발한 사건이 일어났습니다.

그 결과 미국 수병들이 몰살 당했습니다.

자동차 왕으로 불리는 헨리 포드

"에스파냐의 짓이다!"

미국은 에스파냐에 선전 포고를 하였습니다.

강대국 미국은 에스파냐의 항복을 받고, 그들의 식민지인 필리핀과 괌, 푸에르토리코를 차지했습니다.

또, 콜롬비아에서 반란이 일어나도록 조종하여 파나마 공화국을 세운 다음, 운하 공사에 손을 대었습니다. 1914년, 파나마 운하 개통으로 미국은 태평양과 대서양을 자유롭게 통과했습니다.

알래스카의 상쾌한 풍경

오늘날의 파나마 운하

유럽 강대국은 총칼로 식민지를 차지
하였습니다.

그러나 미국은 경제적인 힘으로 식민
지를 늘리고 다스리면서 자기네 상품을
사들이게 하는 병법을 썼습니다. 또, 그
나라의 독립과 주권을 보장하였습니다.

이러한 미국의 자본주의적 침투 방식
은 뒷날 '경제 전쟁'이라는 말까지 생겨
나게 하였습니다.

미국은 1848년에 멕시코의 식민지였던
캘리포니아를 빼앗았으며, 1867년에는

태평양 하와이의 풍경

하와이 원주민 왕국의 초대 국왕 카메하메하 1세

알래스카를 러시아에서 사들였습니다.

국민은 알래스카를 사들인 외무 장관 슈어드를 마구 비난했습니다. 그리고 그들이 알래스카가 얼마나 중요한 군사상의 요지이며, 얼음 속에 무진장한 해양 보물이 숨겨져 있다는 것을 깨닫기까지는 긴 세월이 흘러야 했습니다.

미국은 산업이 급속도로 발달하자, 1890년 무렵부터는 차차 국외로 눈을 돌렸습니다.

미국의 여러 주

50개 주와
컬럼비아 특별구

앨라배마

알래스카

애리조나

아칸소

캘리포니아

콜로라도

코네티컷

델러웨어

컬럼비아 특별구

플로리다

조지아

하와이

아이다호

일리노이

인디애나

아이오와

캔자스

켄터키

루이지애나

메인

메릴랜드

매사추세츠

미시간

미네소타

미시시피

미주리

몬태나

미국은 연방제 공화국으로, 본토 48개 주에 알래스카 주와 하와이 주를 더해 총 50개 주와 1 특별구로 구성되어 있다. 그리고 국외에 푸에르토리코, 버진아일랜드, 괌 등의 영토를 가지고 있다. 미국은 각 주마다 독자적인 헌법을 갖기 때문에 주마다 조세, 세율, 법률 등이 다른 경우가 많다.

네브래스카　　　　네바다　　　　뉴햄프셔　　　　뉴저지

뉴멕시코　　　　뉴욕　　　　노스캐롤라이나　　　　노스다코타

오하이오　　　　오클라호마　　　　오리건　　　　펜실베이니아

로드아일랜드　　　사우스캐롤라이나　　　사우스다코타　　　테네시

텍사스　　　　유타　　　　버몬트　　　　버지니아

워싱턴　　　웨스트버지니아　　　위스콘신　　　와이오밍

괌　　　　　푸에르토리코　　　　버진아일랜드

4 밖으로 눈을 돌리는 제국주의

제국주의란 군사적으로, 경제적으로 다른 나라를 정복함으로써 영토나 지배권을 확대하여 큰 나라를 건설하려는 침략적 경향을 말합니다.

이러한 제국주의는 본질적으로 다른 국가를 침략하여 영토의 확장은 물론 경제적으로도 지배권을 확대해 나갑니다. 즉, 침략 전쟁, 식민지 확장, 다른 국가에의 강권적인 영향력 행사 등이 제국주의의 특징입니다.

유럽의 제국주의 열강들은 아프리카와 아시아로 경제 진출을 하기 위해 군대의 힘을 동원하여 그들을 굴복시키고 경제력을 뻗쳤습니다. 또, 그들 사이에서도 산업화의 물결을 타고 아프리카와 아시아를 둘러싼 식민지 쟁탈전을 벌였습니다.

영국의 식민지였던
케냐의 어린이들

제국주의의 출현

*식민지
정치적으로, 경제적으로 다른 나라의 지배를 받아 국가로서의 주권을 갖고 있지 않은 나라를 말한다.

미국의 식민지였던 쿠바

우리가 먼저 식민지를 차지하려면 수단과 방법을 가리지 않고 선수를 쳐야 해.

서유럽인들은 19세기에 약 1백 년 동안 아프리카와 아시아로 눈을 돌려 그들의 힘과 영향력을 행사했고 아프리카인들과 아시아인들은 거세게 반항했습니다.

유럽인들은 경제 진출을 하기 위해 군대의 힘을 동원하여 그들을 굴복시키고 경제력을 뻗쳤습니다. 또, 서유럽인들 사이에도 산업화의 물결을 타고 아프리카와 아시아를 둘러싼 식민지* 쟁탈전을 벌였습니다.

"물건을 팔 나라, 원료를 공급해 줄 나라를 차지해야 해."

그들의 이러한 다툼이 곧 '제국주의'*입니다. 제국주의는 민족 경쟁이므로 한 민족이 다른 민족과 싸워 이겨야만 했습니다. 그 방법은 무자비했으며 착취와 강탈이 뒤따랐습니다.

1890년에 그린 신제국주의가 중국을 나누는 프랑스 만화

프랑스의 식민 군대 병사

　서유럽인들은 자유와 인간의 존엄성을 부르짖으면서도, 속으로는 잔인하게 싸워 이기려고 하였던 것입니다.

　즉, 겉과 속이 다르게 행동하였습니다.

　16~18세기에 유럽인이 세계로 뻗어 나간 것을 '구제국주의'라고 하며, 19세기의 국외 진출을 '신제국주의'라고 합니다.

영국의 식민지였던 시에라리온

식민지로 전락하는 약소국들

신제국주의가 불붙은 것은 산업화에 필요한 원료를 확보해야 하고, 또 만들어 낸 물건을 내다 팔 외국 시장을 개척하기 위해서였습니다.

이렇게 되면 식민지가 된 나라는 경제적으로 자립할 수가 없게 됩니다. 그래서 정복 국가의 말과 생활 방법, 문화를 고스란히 받아들여야 했습니다.

아프리카는 거의 그런 형편이어서 제 민족을 많이 잃었습니다. 그렇지만 아시아, 특히 중국은 오랜 전통과 문화의 힘이 있어서 정복자에게 쉽게 물들지 않았습니다.

서유럽 강대국은 군대의 힘만으로 식민지를 개척한 것이 아니라 종교를 앞세우기도 하였습니다.

미신에 사로잡힌 미개인들에게 크리스트교를 전파하면서 정복하기도 하였습니다.

또, 앞선 문화, 즉 의료 기술이라든지 교육으로 정복하기도 하였습니다. 그렇지만 중국은 이런 갖가지 방법으로도 소용이 없었습니다.

그러나 전체적으로 보면 19세기 후반에 접어들면서 전 세계의 약소국가들 중에서 서유럽 세력을 받아들이지 않은 나라가 거의 없을 정도가 되었습니다.

19세기 말 영국의 헨리 재즈가 아프리카 식민지에서 야생동물을 사냥한 사진

5 아프리카를 탐험하는 사람들

벨기에는 중부 아프리카의 콩고에 진출하여 1908년에는 이를 식민지로 병합시켰고, 이탈리아는 홍해 연안의 에리트레아와 인도양의 프랑스령 소말릴란드를 획득한 후 아프리카 북부 해안의 튀니지에 눈독을 들였으나 프랑스에 빼앗기고 말았습니다.

이에 에티오피아를 침략하였으나, 오히려 에티오피아군에게 패하였습니다. 1911년에는 터키와 싸워 트리폴리를 손에 넣었고, 리비아를 식민지로 삼았습니다.

독일도 19세기 말엽부터 식민지 획득에 뛰어들어 동아프리카와 서아프리카에 식민지를 만들었습니다.

유럽 열강의 아프리카 진출로 아프리카 대륙은 에티오피아와 라이베리아를 제외하고, 모든 국가가 유럽 열강의 식민지가 되고 말았습니다.

아프리카의 에티오피아

유럽 열강의 아프리카 진출

유럽의 강대국들이 19세기에 가장 많이 눈독을 들이고 식민지를 세운 땅은 아프리카입니다.

아프리카는 기후가 열대이고 밀림 지대 또는 사막 지대인데다가, 풍토병(그 지역에 유행하는 전염병) 때문에 접근하기가 여간 어려운 것이 아니었습니다.

알제리 수도 알제에 있는 열사의 기념비

하지만 라이베리아와 에티오피아를 빼놓고는 거의 모든 지역이 유럽인들의 손에 정복당했습니다.

1830년에는 프랑스가 이미 북아프리카의 알제리에 진출했고, 영국은 나폴레옹 전쟁이 일어났을 때 남아프리카 공화국의 케이프타운*을 정복했습니다. 영국은 이곳을 인도와 아시아 지역의 무역 기지로 이용했습니다.

*케이프타운
남아프리카 공화국 케이프 주의 주도이다. 아프리카 최남단의 도시로 공화국 제일의 무역항이다. 1652년 네덜란드의 식민지로 건설되었으며, 후에 영국에 점령되었고 동인도 항로의 요지가 되었다.

남아프리카 공화국의 의회가 있는 케이프타운

아프리카에서의 식민지 경쟁

*스탠리

 탐험가 리빙스턴이 아프리카 탐험 도중 행방불명되자 스탠리는 그를 찾아 아프리카로 건너갔는데, 다행히 탕가니카 호 근처의 어촌에서 그를 만났다.

 이 사건을 시작으로 스탠리는 1874년에는 동쪽에서부터 아프리카 횡단을 시도, 3년에 걸쳐 콩고 강을 따라 내려가 대서양에 도달함으로써 횡단에 성공하였다.

 그 후에도 스탠리는 여러 번 아프리카 오지를 탐험했는데, 이것은 유럽 열강에 의한 아프리카 분할의 시발점이 되었다. 저서로 〈검은 대륙을 지나〉가 있다.

헨리 스탠리의 묘지

1876년, 벨기에의 국왕 레오폴 2세는 개인 자격으로 '국제 아프리카 협회'라는 단체를 만들어서 탐험가를 아프리카의 콩고에 보냈는데, 그가 바로 스탠리*였습니다. 스탠리는 이미 1871년에 조난당한 리빙스턴을 구하러 중앙아프리카를 탐험한 바 있었습니다.

스탠리는 콩고를 탐험한 뒤에 그곳의 원주민 추장과 협정을 맺음으로써 벨기에가 아프리카에 진출할 수 있는 발판을 마련했습니다.

이 소식을 들은 유럽의 여러 나라는 앞다투어 아프리카로 탐험대를 보냈습니다. 아프리카는 정복 자체도 어려웠고, 또 정복한다고 해도 큰 이익이 없었으나 유럽 국가들은 그곳에 식민지를 갖고 있다는 사실 하나만으로도 자랑스럽게 여겼습니다.

〈리빙스턴의 전기〉

1884년 영국, 프랑스, 독일 등의 정치가들은 베를린에 모여 아프리카 탐험에 대해 의논하였습니다.

식민지 활동으로 정복 국가 사이에 발생하는 여러 가지 문제를 해결하려는 목적이었습니다.

 골든벨 상식

탐험가 리빙스턴

영국의 선교사이며 탐험가이다. 스코틀랜드의 블랜타이어에서 태어나 어려서부터 방직 공장의 직공으로 일하였다.

중국 전도 사업에 관한 책을 읽고 느낀 바가 있어 전도사가 될 것을 결심하였다. 1838년 당시 일어났던 아편 전쟁 때문에 중국에는 건너가지 못하고 1840년 선교사가 되어 아프리카로 떠났다.

그는 케이프타운을 거쳐 남아프리카 내륙에 전도 사업 본부를 두고 언어, 지리, 풍속 등을 조사하였으며, 1844년부터 사람이 한 번도 가 보지 않은 곳을 탐험하였다.

리빙스턴

1849년에는 칼라하리 사막을 건너가 누가미 호를 발견하고 1851년에는 잠베지 강, 1855년에는 폭포로 유명한 빅토리아 호를 발견하였으며, 서해안의 르완다를 출발하여 1856년 동해안의 캘리마네에 도착함으로써 남아프리카 횡단에 성공하였다.

1858년에는 캘리마네 주재 영국 대사가 되었으며, 영국 정부의 원조를 얻어 중앙아프리카 탐험 대장이 된 그는 6명의 대원을 이끌고 잠베지 강을 거슬러 올라가 약 5년 동안 그 강 유역을 조사하였다.

1871년, 미국의 탐험가인 스탠리에 의하여 우지지에서 구조되어 스탠리와 함께 탕가니카 호 북쪽을 탐험하였다. 그 뒤 혼자서 탐험을 계속하였으나 몸이 극도로 쇠약해져 질병으로 사망하였다. 저서에는 〈남아프리카 전도 여행기〉, 〈잠베지 강과 그 지류〉 등이 있다.

영국의 아프리카 식민지 정치가 세실 로즈의 야심

리빙스턴을 만난 헨리 스탠리

노예로 팔리는 식민지의 원주민들

식민지를 차지할 경우, 그곳을 다스릴 능력이 있어야 한다는 것이 이 베를린 회의에서 협의한 주요 내용입니다. 이러한 점 때문에 강대국들은 식민지에 군대와 탐험대를 보내기 시작했습니다.

또, 유럽 강대국들은 정복한 식민지에서 원주민들을 노예로 사고팔았습니다. 이것을 '노예무역'이라고 합니다. 베를린 협정에서는 분명히 '노예무역은 하지 못한다.'라고 규정해 놓았는데도, 돈을 많이 들인 자본가들을 위한다는 구실로 노예 무역을 눈감아 주었던 것입니다. 이렇게 하여, 아프리카의 흑인 노예들은 부모 형제와 헤어져서 미국 등 여러 나라로 팔려가 짐승처럼 일하였습니다.

영국계 미국인 탐험가 헨리 모턴 스탠리

6 영국의 검은 대륙 아프리카 진출

영국은 이어서 수단에 진출한 후, 식민지를 확장시켜 케이프타운까지 연결하려는 정책을 추진하였습니다.

케이프타운은 나폴레옹 전쟁 때 영국에 점령되어, 1814년에 영국령이 되었습니다. 영국이 케이프타운을 점령하자, 네덜란드계 보어인은 영국의 세력을 피해 더욱 북쪽으로 이동하여, 오렌지 자유국과 트란스발 공화국을 건설하였습니다. 그러자 영국인은 그곳까지 따라와서 보어인과 경쟁하였습니다.

트란스발에서 금광과 다이아몬드 광이 발견되자, 영국인들이 물밀듯이 밀려들어 왔습니다.

남아프리카의 케이프타운

영국과 수에즈 운하

이 무렵 영국은 세계에서 첫손가락으로 꼽히는 해상 강국이었습니다.

"아프리카 따위는 신경 쓸 필요가 없다!"

영국은 남아프리카의 케이프타운을 빼고는 서부 해안 몇 군데에 근거지를 가지고 있을 뿐이었습니다.

물론 강력한 해군 국가이므로 영국은 아프리카 항로도 손에 쥐었지만, 비밀리에 행해지는 노예무역은 모르는 체했습니다.

"우리 경제는 얼마든지 뻗어 나갈 길이 있으니까……."

영국은 노예무역 따위에 눈 돌리지 않아도 된다고 생각하였습니다.

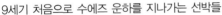

9세기 처음으로 수에즈 운하를 지나가는 선박들

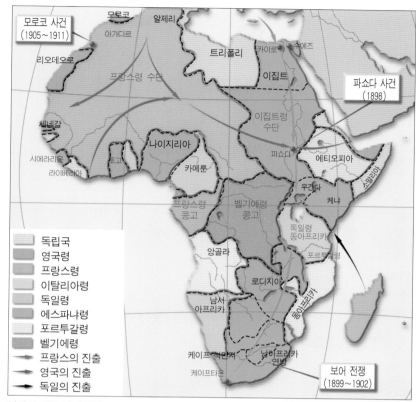

열강의 아프리카 진출

지도 안 표기:
- 모로코 사건 (1905~1911)
- 모로코
- 아가디르
- 알제리
- 트리폴리
- 리오데오로
- 카이로
- 수에즈
- 프랑스령 수단
- 이집트
- 파쇼다 사건 (1898)
- 이집트령 수단
- 세네갈
- 나이지리아
- 파쇼다
- 에티오피아
- 시에라리온
- 토고
- 카메룬
- 소말리아
- 라이베리아
- 우간다
- 케냐
- 프랑스령 콩고
- 벨기에령 콩고
- 독일령 동아프리카
- 앙골라
- 포르투갈령
- 로디지아
- 독립국
- 영국령
- 프랑스령
- 이탈리아령
- 독일령
- 에스파냐령
- 포르투갈령
- 벨기에령
- 프랑스의 진출
- 영국의 진출
- 독일의 진출
- 남서아프리카
- 모잠비크
- 케이프식민지
- 남아프리카 연방
- 케이프타운
- 보어 전쟁 (1899~1902)

*영국의 이집트 진출

이집트는 수에즈 운하를 건설하고, 그 밖에 여러 가지 개혁을 하여 많은 돈을 사용하였기 때문에, 심한 재정난에 빠졌다.

이집트의 번 왕은 재정난을 극복하기 위하여, 외국에 수에즈 운하를 팔려고 하였다. 이것을 알게 된 영국은 프랑스를 빼돌리고 혼자서 수에즈 운하를 사들여, 운하 회사의 경영에 대하여 프랑스와 동등한 권리를 얻었다.

영국은 이것을 발판으로 삼아 이집트로 진출하기 시작했다.

그 뒤, 이집트가 나라 안 사정이 복잡해져서 영국의 힘을 빌리게 되었습니다. 그러자 이때부터 영국은 아프리카에 대한 관심을 기울였습니다. 이 무렵, 이집트는 터키에서 보낸 총독이 다스리고 있었습니다.

"우리는 터키로부터 독립을 원합니다."

그들은 영국과 프랑스에 도움을 요청했습니다. 영국이 이를 승낙한 후 많은 자본을 들여 이집트의 발전을 도와주었습니다.

이집트의 두 번째 대통령 나세르

이때에 이집트는 지중해와 홍해를 잇는 거대한 공사를 벌였습니다.

"수에즈 운하를 건설하겠습니다!"

이집트는 영국과 프랑스가 이 일에 자본을 대주기를 바랐던 것입니다. 결국, 영국의 도움으로 이집트는 모든 나라의 재정을 이 공사에 집중시켰습니다.

'수에즈 운하가 개통되면 인도양과 아시아 지역으로 통하는 항로가 매우 빨라지겠지!'

영국은 수에즈 운하가 빨리 건설되기를 바랐습니다.

수에즈 운하

1869년 프랑스의 외교관이자 기사인 레셉스에 의해 건설된 홍해와 지중해를 연결하는 운하이다. 영국은 이집트의 재정난을 틈타 1875년 수에즈 운하 주식의 44퍼센트를 사들여 1882년에는 운하 지대를 점령하고 이집트를 지배하였다. 1952년 이집트 혁명으로 영국 세력은 후퇴하고 1956년 나세르는 운하 국유화를 선언하였다.

수에즈 운하의 개통

그러나 이 공사는 워낙 규모가 커서 영국 자본만으로는 어림도 없었습니다.

그래서 이집트는 프랑스 자본까지 끌어들이려고 하였습니다. 그런데 프랑스는 선뜻 나서지 않았습니다.

'영국이 이집트를 거느리면 우리가 자본을 대주어도 아무 소용 없잖아?'

프랑스의 외교관이자 기사인 페르디낭 마리 레셉스

한마디로 손해만 볼 것 같았기 때문입니다. 그러자 영국의 총리 글래드스턴이 프랑스를 달랬습니다.

"우리나라는 이집트에 군대를 파견하지 않겠소."

"그렇다면야……."

수에즈 운하만 개통된다면 유럽과 아시아가 해상로로 바로 연결되니 정말 편리해질 거야.

유럽 열강의 진출 목표였던 남아프리카 공화국의 요하네스버그 세계 최대의 금 산출지이다.

프랑스는 비로소 이집트에 운하 건설 자본을 대주었습니다. 이런 상황을 접한 이집트는 상당히 불쾌했습니다.

영국이 자기 나라의 후원자 노릇을 하기 때문이었습니다.

"우리나라에서 하루속히 떠나 주시오."

이집트는 영국에 이처럼 권유했습니다. 그렇지만 영국은 이집트의 요구를 무시하고 도리어 남아프리카 지역으로 계속 세력을 뻗어 나갔습니다. 화가 난 이집트 국민은 불만을 터뜨리면서 폭력 사태까지 일으켰습니다.

'너희가 그런다고 눈 하나 깜박할 줄 알아?'

영국은 폭력 사태를 힘으로 누르며 계속 아프리카 정복 사업을 꾀했습니다.

한편, 수단은 영국의 위협을 받았습니다. 영국이 그 나라로 진출하려고 하자 수단의 이슬람교도들은 영국에 선전 포고를 하였습니다.

"성전(종교 전쟁)을 하겠다!"

글래드스턴

19세기 영국의 가장 뛰어난 자유주의 의회 정치가이다. 잉글랜드 머지사이드 주 리버풀에서 태어났다. 1831년에 옥스퍼드 대학을 졸업한 후, 1833년에 보수당 하원 의원이 되었다. 필 내각 때에 관세 개혁에 힘써 자유 무역의 길을 열었다.

뒤에 자유당으로 당적을 옮겨 여러 번 재무장관이 되어 활약하였다. 1867년에 러셀이 은퇴한 뒤에는 자유당의 당수가 되었으며, 이어서 수상이 되었다.

1868년 이후 1894년까지 네 차례 내각을 만들고, 교육 제도를 고쳐 국민 누구나 교육을 받을 수 있게 했으며, 선거법을 고쳐 노동자에게도 선거권을 주었다.

영국의 정치가인 글래드스턴

성전으로 맞서는 수단의 이슬람교도들

＊수단
아프리카 북동부에 있는 민주 공화국으로, 1956년 영국, 이집트 공동 통치령에서 독립하였다. 주민은 북부에는 아랍인이, 남부에는 흑인이 많이 살고 있으며, 수도는 하르툼이다.

수단*의 이슬람교도들은 이집트인들이 자신들의 종교를 버리고 다른 종교를 받아들인다고 공격한 뒤에, "그것을 영국이 부추기고 있다!"라고 비난하며 성전을 선언한 것입니다.

이에 영국은 곧 전쟁 준비를 하였습니다. 영국군은 수단과 싸우기 위해 이집트군을 동원했으나 전멸당하고 말았습니다. 그러자 수에즈 운하 건설 공사에 자본을 댄 기업가들

이집트 수도 카이로에 있는 무하마드 알리 사원

수단 수도 하르툼의 거리

은 영국 총리 글래드스턴을 공격했고 프랑스도 비
난했습니다.

"영국은 군대를 동원하지 않겠다
고 하더니 웬일인가?"

이 영국 놈들아!
왜 남의 나라에
눈독을 들이는 게냐?

그렇지만 글래드스턴은 나라 안팎의 비난과 공격에도 아랑곳하지 않고 1885년에 새로운 수단 정벌 계획을 세웠습니다.

그렇지만 두 번째 싸움에서도 영국이 패했습니다. 영국은 그래도 다시 전쟁 준비를 하였습니다.

1898년, 마침내 영국은 수단과의 전투에서 승리를 안았습니다. 이 전투에서 영국군은 기관총을 동원하여 이슬람교도 1만 명을 쏘아 죽였습니다. 영국군은 불과 28명이 전사했을 뿐입니다. 이 승리를 영국은 자랑으로 여겼습니다. 1889년에서 1902년 사이에 일어난 보어 전쟁도 마찬가지였습니다.

보어 전쟁

네덜란드인이 건설하였던 케이프 식민지는 1814년 영국에 의해 점령되었다. 때문에 자신을 스스로 보어인(농민)이라고 부르며 이곳에 정착해 있던 네덜란드인들은 그 근거지를 내륙 쪽으로 옮겨서 오렌지 자유국과 트란스발 공화국을 세웠다.

그런데 때마침 오렌지 자유국과 트란스발에서 다이아몬드 광산과 금광이 잇달아 발견되자, 영국은 1899년 보어 전쟁을 일으켰다.

1902년까지 계속된 이 전쟁은 결국 영국의 승리로 끝을 맺게 되었고, 영국은 그 대가로 트란스발과 오렌지 지역을 차지하게 되었다. 따라서, 1910년에는 영국의 자치령으로서 남아프리카 연방이 이루어졌다.

당시 이 연방 안에는 케이프, 나탈, 트란스발, 오렌지의 4개 주가 속해 있었다. 이들 지역은 제2차 세계 대전이 끝난 직후 남아프리카 공화국이 되었다.

보어 전쟁에서의 영국 기병 부대의 진군

인종 차별을 보여 주는 이층 버스와 화장실

영국은 이 전쟁을 승리로 이끌고 조그만 보어를 남아프리카의 영국 연방으로 만들었습니다.

"영국은 염치도 없다! 그렇게 힘없는 작은 나라를 빼앗다니……."

아프리카 흑인들은 이렇게 말했습니다.

유럽 나라들이 아무리 비난을 해도 영국은 도리어 이것을 자랑으로 여겼습니다.

영국인들은 이때 보어 인*들을 모조리 철망 안에 가두어 놓는 짓을 서슴없이 저질렀습니다.

"인권을 짓밟는 일이다!"

> **＊보어인**
> '보어'는 농민이라는 뜻이며, 남아프리카 공화국의 네덜란드계 백인을 일컫는다.
>
> 17세기 중엽, 동인도 회사의 케이프 식민지 경영과 함께 이민하여 19세기 초기에 영국에 거주지를 빼앗긴 뒤, 벽지로 가서 트란스발 공화국, 오렌지 자유국을 건설하였다.

영국 안에서도 비난의 목소리가 높았습니다.

그러나 영국 정부는 끝내 아프리카 식민 정책을 그만두지 않았습니다.

오히려 식민 전쟁을 계속하여 이겨야 한다는 생각으로 더욱 무자비해졌습니다.

미국 번영의 한 상징인 디즈니랜드

세계사 부록

미국의 서부 개척

1848년, 캘리포니아에서 발견된 금광은 골드 러시를 불러일으켜, 숱한 이민자들이 서부로 몰려들어 개척을 가속화시켰다.

정부는 이 고장의 땅을 값싸게 나누어 주었기 때문에 서부 개척은 빠르게 추진되었다. 동부의 생활 곤란자들과 유럽으로부터의 새로운 이주민들은 더 나은 생활을 찾아 미개한 변경(프런티어)을 끊임없이 서쪽으로 이동시켜 갔다. 이 운동을 서점 운동이라고 부르는데, 이 운동의 그늘에는 수많은 인디언의 희생이 있었다.

미국의 서부 개척을 묘사한 〈아메리카의 진보〉

개척 서부에서는 성년 남자가 5천 명에 이르면 자치가 인정되었고, 6만 명이 넘으면 주로서 아메리카 합중국에 가입하게 되어 있었다. 이 때문에 주의 수효도 차츰 증가하였다. 이러한 서부 개척은 풍부한 국내 시장을 동부의 상공업에 제공함으로써 자본주의의 성장을 보장하는 등, 미국 역사를 특징짓는 구실을 하였다.

남북 전쟁

게티즈버그 전투에서 사용했던 대포

미국의 남북 전쟁은 1861년부터 1865년까지 미국의 북부와 남부 사이에 일어났던 전쟁이다.

농업을 주된 산업으로 하므로 노예 제도의 존속을 주장하는 남부와, 상공업이 주된 산업으로 노예 제도의 폐지를 주장하는 북부가 대립하다가, 1860년 북부의 링컨이 대통령에 당선되자 남부 11개 주가 연방에서 탈퇴하여 남부 동맹을 결성하였다.

이에 연방 측은 이를 저지하여 연방을 수호하려 한 데서 남북 전쟁이 일어났다. 개전 초기에 잠깐 밀렸던 북부는 게티즈버그에서 크게 승리하였고, 1865년에 남부의 항복을 받아냈으며 그 결과 결국 노예 제도는 폐지되었다.

링컨 대통령

미국의 제16대 대통령인 링컨(1809~1865년)은 켄터키 주의 가난한 개척민의 아들로 태어났다. 그러나 스스로 열심히 노력하여 변호사가 되었다.

1847년 일리노이 주의 하원 의원을 거쳐, 1860년 공화당 출신의 대통령이 되었다. 대통령이 되자마자 남북 전쟁을 이끌어 노예 제도를 폐지하였다.

그리고 마침내 전쟁을 승리로 마무리한 뒤 대통령에 재선되었으나, 취임한 지 한 달 만에 포드 극장에서 암살되고 말았다. 민주주의 발전에 초석이 된 정치가이다.

민주주의 발전의 초석을 마련한 링컨

제국주의 열강의 세계 진출

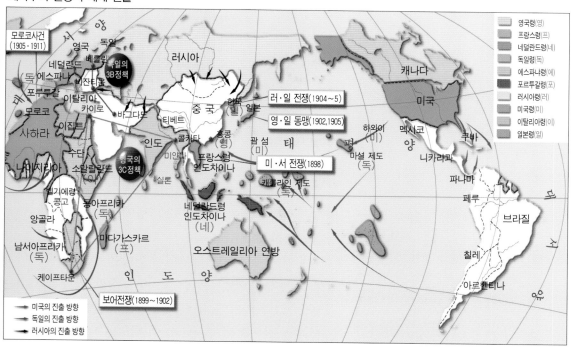

1860 미국의 링컨, 대통령에 당선됨.

영국의 나이팅게일, 성 토머스 간호 학교를 창립함.

이탈리아의 가리발디, 제노바에서

붉은 셔츠 부대를 조직하여

이탈리아 남부의 시칠리아 섬과

나폴리 왕국을 정복하고 사르데냐 왕국에 바침.

1861 청의 서 태후, 정권을 장악함.

러시아, 농노 해방령을 선포함.

이탈리아, 토리노 국회에서 이탈리아 왕국을 선포함

(로마 교황령과 베네치아 등 제외,

초대 이탈리아 왕에 비토리오

에마누엘레 2세가 즉위함.).

미국, 뉴욕과 샌프란시스코 간 전신선을 개설함.

뉴질랜드, 마오리 족이 영국군에 항복함.

1862 프랑스의 위고, 〈레 미제라블〉을 출간함.

스위스의 앙리 뒤낭, 부상병 구호 조직을 결성함.

러시아의 투르게네프, 〈아버지와 아들〉을 간행함.

1863 청, 태평천국군이 사천에서 전멸함으로써 거의 소멸됨.

미국의 링컨 대통령, 노예 해방을 선포함.

게티즈버그 전투에서 북군이 남군을 대파함.

노르웨이, 화가 겸 판화가 뭉크 태어남.

1864 청, 태평천국 천왕 홍수전이 음독자살함.

프랑스의 나폴레옹 3세, 노동자의 파업권을 승인함.

스위스의 앙리 뒤낭, 국제 적십자사를 창설함.

1865 미국, 남군의 사령관 리 장군 항복함(남북 전쟁 종결).

링컨, 남부 출신 배우 존 부스에게 저격당해 사망함.

오스트리아의 멘델, '유전의 법칙'을 발견함.

러시아의 톨스토이, 〈전쟁과 평화〉를 출간함.

러시아의 멘델레예프, '원소 주기율'을 발견함.

이집트, 수에즈 운하를 정식 개통함.

미국, 대륙 횡단 철도를 개통함.

미국의 하이어트 형제, 셀룰로이드를 발명함.

이탈리아의 혁명가인 가리발디

앙리 뒤낭이 창설한 국제 적십자사

이집트의 수에즈 운하 개통식

1870	프랑스의 나폴레옹 3세, 프로이센에 포로가 되어
	제2제정이 붕괴됨.
	루브르 궁전이 완성됨.
	미국의 록펠러, 스탠더드 석유 회사를 창설함.
1871	프로이센의 빌헬름 1세, 베르사유 궁전에서
	독일 제국 황제 즉위식을 거행하여
	초대 독일 황제가 됨.
1872	독일의 철혈 재상 비스마르크,
	가톨릭 교도들에 대한 탄압인 문화 투쟁을 강화함.
	프랑스의 모네, 〈해돋이-인상〉을 그림(인상파의 시작).
1873	독일, 오스트리아, 러시아 황제와 3제 동맹을 맺음.
	영국의 스탠리, 아프리카 탐험에 나섬.
1875	영국의 디즈레일리 총리, 재정 위기에 빠진
	이집트로부터 수에즈 운하를 매수함.
	스웨덴의 노벨, 니트로글리세린을 발명함.
1876	일본의 메이지 천황,
	원로원에 헌법을 기초할 것을 명함.
	청, 영국과 연대 조약을 체결함.
	몬테네그로, 오스만 튀르크에 선전 포고함.
	프랑스의 르누아르,
	〈물랭 드 라 갈레트〉를 완성함.
	미국의 벨, 전화기를 발명함.
1877	오스만 튀르크, 러시아와 전쟁
	(러시아 · 오스만 튀르크 전쟁)을 시작함.
	영국의 빅토리아 여왕, 인도 제국을 세우고
	인도 황제를 겸함.
	프랑스의 카유테, 산소 액화에 성공함.
	로댕, 〈청동 시대〉를 완성함.
	독일의 엥겔스, 〈반 뒤링론〉을 지음.
1879	러시아의 도스토예프스키,
	〈카라마조프의 형제들〉을 출간함.
	노르웨이의 입센, 〈인형의 집〉을 발표함.

빌헬름 1세의 즉위식

모네의 〈해돋이-인상〉

인도 콜카타에 있는 빅토리아 기념관

(1860년~1879년)

나이팅게일(1870~1924년)
영국의 간호사이자 병원 개혁자이다. 크림 전쟁이 일어나자 전쟁터로 달려가 부상병 간호에 힘써 '크림의 천사' 라 불렸다. 영국에 돌아와 빅토리아 여왕을 만나서 병원의 개혁을 호소하였다. 마침내 간호 학교와 그 밖의 많은 병원을 세워 간호 훈련과 조직의 개선에 힘썼다.

유럽

아시아

아프리카

인도양

오스트레일리아

나폴레옹 3세(1808~1873년)
프랑스 제2제정 시대의 황제이다. 네덜란드의 왕이었던 루이 보나파르트의 아들로, 나폴레옹 1세의 조카이다. 1848년 2월 혁명 후 대통령이 되어, 1851년 강제로 의회를 누르고 대통령의 임기를 10년으로 연장하였으며, 이듬해에 황제가 되어 나폴레옹 3세라 하였다.

북아메리카

평양

대서양

남아메리카

메이지 천황(1852~1912년)
1867년 도쿠가와 막부를 무너뜨리고 즉위한 메이지 천황은 새 정부와 새 기구를 구성해 혁신적인 정치를 밀고 나갔다. 즉, 1869년 새 정책을 밝힌 '5개조의 선서문'을 공포하고, 서구의 문물을 적극적으로 받아들여 일본의 발전을 이룩하고자 하였다. 이것이 '메이지 유신'이다.

노예 제도를 폐지한 링컨(1809~1865년)
미국의 제16대 대통령이다. 켄터키 주의 가난한 개척민의 아들로 태어났으나 열심히 노력하여 변호사가 되었다. 1847년 일리노이 주의 하원 의원을 거쳐, 1860년 공화당 출신의 대통령이 되었다.
대통령이 되자마자 남북 전쟁을 수행하면서 노예 제도를 폐지하였으며, 마침내 전쟁을 승리로 마무리한 뒤 대통령에 재선되었으나, 취임한 지 한 달 만에 포드 극장에서 암살되고 말았다.

〈세계사 이야기〉 관련 홈페이지

골말의 역사 교실 http://history.new21.net

공자를 찾아서 http://nagizibe.com.ne.kr

김제훈의 역사가 좋아요 www.historylove.com

대영 박물관 www.thebritishmuseum.ac.uk

독일 정보 www.nobelmann.com

러시아 우주 과학회 www.rssi.ru

루브르 박물관 www.louvre.fr

링컨(백악관) www.whitehouse.gov/history/presidents/al16.html

메트로폴리탄 미술관 www.metmuseum.org

버지니아 대학 도서관 http://etext.virginia.edu/jefferson

사이버 스쿨버스 www.cyberschoolbus.un.org

서양 미술 사학회 www.awah.or.kr

소창 박물관 www. sochang.net

영국의 왕실 공식 사이트 www.royal.gov.uk

유엔(UN) www.un.org

이슬람 소개 www.islamkorea.com

인도의 독립 운동가 간디를 소개하는 사이트 http://mkgandhi.org

정재천의 함께하는 사회 교실 http://yuksa.new21.org

제1차 세계 대전의 원인, 주요 전투, 관련 인물, 연대표 수록

http://firstworldwar.com

주한 독일 문화원 www.gothe.de/seoul

주한 중국 문화원 www.cccseoul.org

주한 프랑스 문화원 www.france.co.kr

중국의 어제와 오늘 www.chinabang.co.kr

차석찬의 역사 창고 http://mtcha.com.ne.kr

한국 서양사 학회 http://www.westernhistory.or.kr

한국 셰익스피어 학회 www.sakorea.or.kr

한국 프랑스 사학회 http://frenchhistory.co.kr